Impressum
Verlag: BABADADA GmbH, Nedderfeld 112 , 22529 Hamburg
Geschäftsführer / Verlagsleitung: Harald Hof
Druck: Books on Demand GmbH, In de Tarpen 42, 22848 Norderstedt

Imprint
Publisher: BABADADA GmbH, Nedderfeld 112 , 22529 Hamburg, Germany
Managing Director / Publishing direction: Harald Hof
Print: Books on Demand GmbH, In de Tarpen 42, 22848 Norderstedt

school

sikolwa

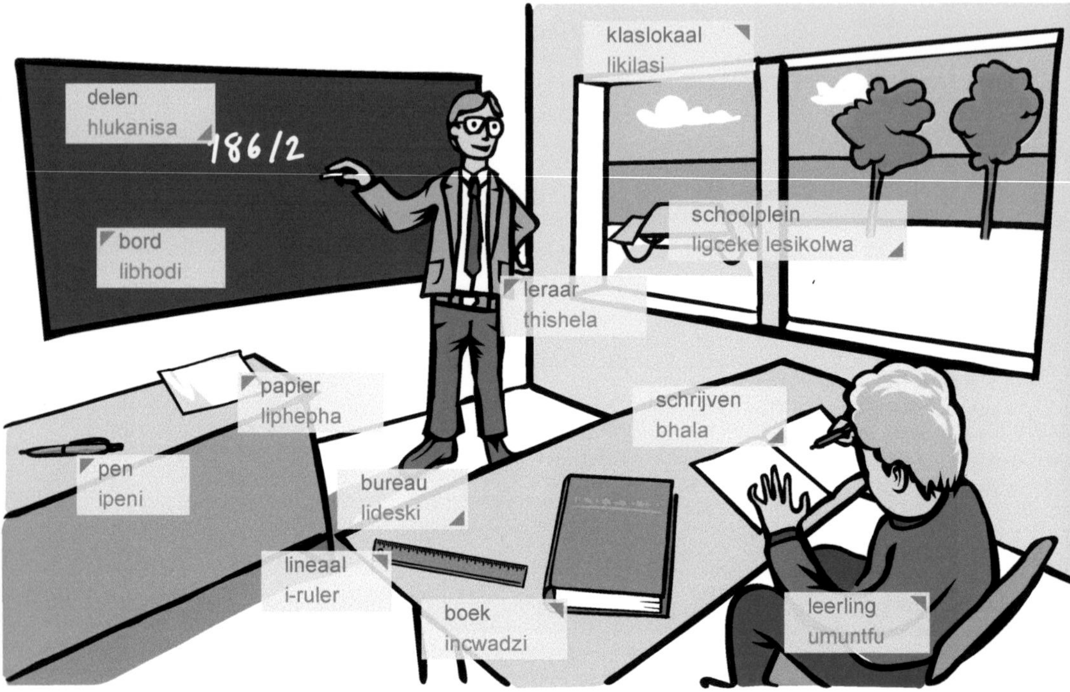

klaslokaal
likilasi
delen
hlukanisa
186/2
bord
libhodi
schoolplein
ligceke lesikolwa
leraar
thishela
papier
liphepha
schrijven
bhala
pen
ipeni
bureau
lideski
lineaal
i-ruler
boek
incwadzi
leerling
umuntfu

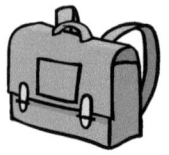

schooltas

sikhwama setincwadzi tesikolwa

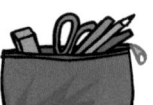

etui

sikhwanyana semapenisela

potlood

ipenisela

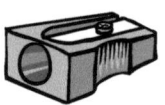

puntenslijper

umshini wekulolo ipenisela

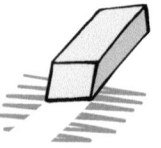

gum

i-rubber

schetsblok

intfo yekudvweba

tekening

umdvwebo

penseel

libhulashi lekupenda

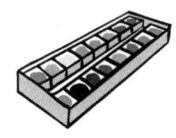

verfdoos

libhokisi lekupenda

schaar

tikelo

lijm

i-glue

schrift

incwadzi yekutadisha

huiswerk

umsebenti wasekhaya

getal

inombolo

optellen

hlanganisa

aftrekken

susa

vermenigvuldigen

phindzaphidza

rekenen

bala

letter

incwadzi

alfabet

feleba

woord

ligama

tekst

umbhalo

lezen

fundza

krijt

ishogo

les

sifundvo

klassenboek

i-register

examen

sivivinyo sekugcina

diploma

sitifiketi

schooluniform

timphahla tesikolwa

opleiding

imfundvo

encyclopedie

i-ensaklopheda

universiteit

inyuvesi

microscoop

sipopolo

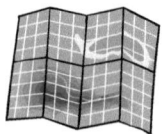

kaart

libalave

prullenmand

libhakede lekulahla
emaphepha

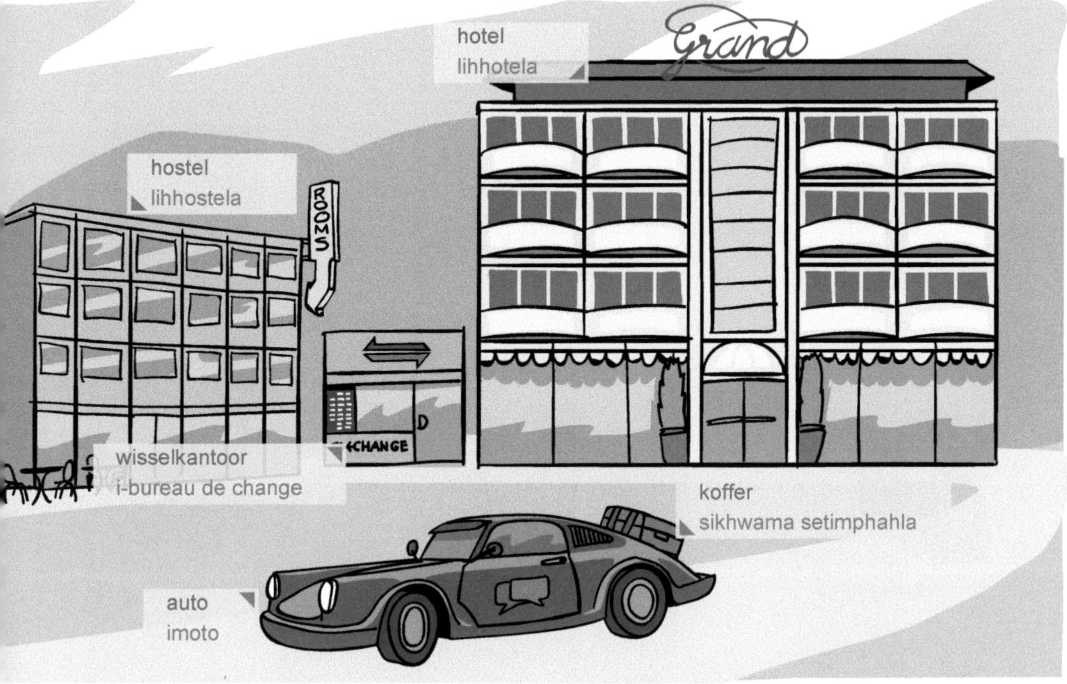

hotel
lihhotela
Grand
hostel
lihhostela
ROOMS
wisselkantoor
i-bureau de change
CHANGE
koffer
sikhwama setimphahla
auto
imoto

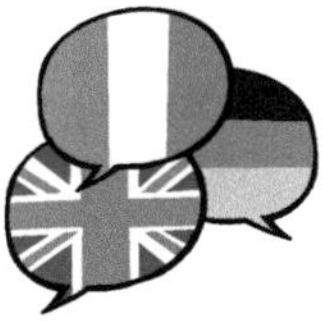

taal

lulwimi

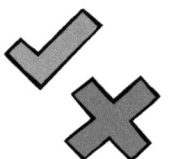

ja / nee

yebo / cha

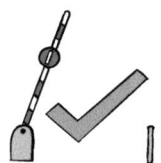

oké

Kulungile

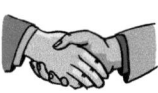

Hallo!

sawubona

tolk

umhumushi

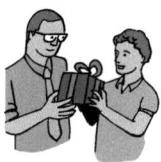

Bedankt.

Siyabonga

Wat kost ...?

ingumalini i....?

Ik begrijp het niet.

angivisisi kahle

probleem

inkinga

Goedenavond!

Lishonile!

Goedemorgen!

Kusile!

Goedenacht!

Ulale kahle!

Tot ziens!

sala kahle

richting

sicondziso

bagage

umtfwalo

tas

sikhwama

rugzak

sikhwama lesigacwako

gast

sivakashi

kamer

likamelo

slaapzak

sikhwama sekulala

tent

lithende

VVV-kantoor

imininingwane yetivakashi

strand

ibhishi

creditkaart

likhadi lemali

ontbijt

kudla kwasekuseni

lunch

kudla kwasemini

diner

kudla kwantsambama

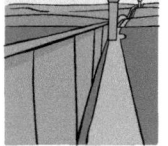

kaartje

lithikithi

lift

i-lift

postzegel

sitembu

grens

umcele

douane

emakhasimende

ambassade

i-embasi

visum

i-visa

paspoort

ipasipoti

transport
kwetfutsa

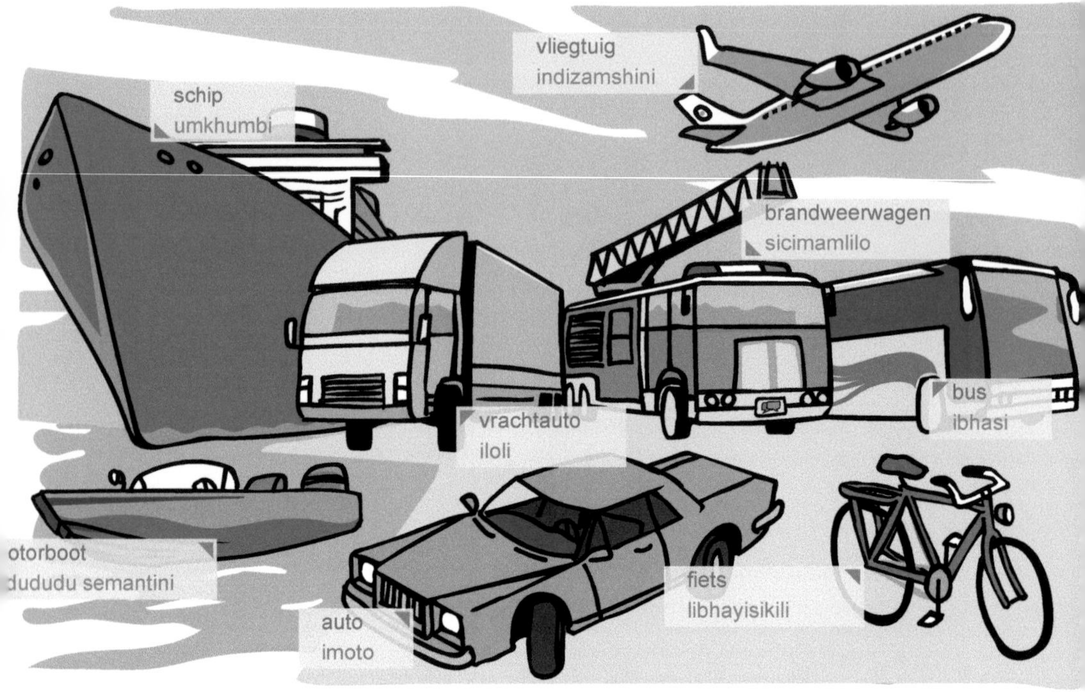
vliegtuig
indizamshini
schip
umkhumbi
brandweerwagen
sicimamlilo
bus
ibhasi
vrachtauto
iloli
otorboot
dududu semantini
fiets
libhayisikili
auto
imoto

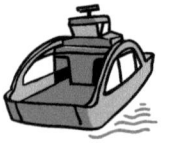

veerboot

i-ferry

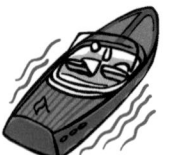

boot

sikebhe

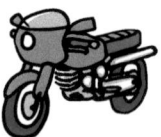

motorfiets

sidududu

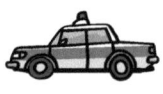

politiewagen

imoto yemaphoyisa

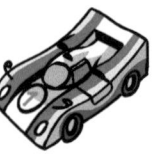

raceauto

imoto yemjaho

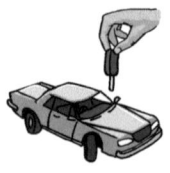

huurauto

imoto yekucashisa

carsharing

kubolekana imoto

takelwagen

i-breadown

vuilniswagen

iloli yetibi

motor

imoto

benzine

phethiloli

benzinepomp

ligalaji laphethiloli

verkeersbord

luphawu lwemgwaco

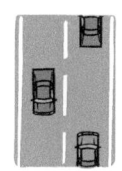

verkeer

incumbi yetimoto

file

incumbi yetimoto letime emngwacweni

parkeerplaats

ipaki yemoto

station

siteshi sesitimela

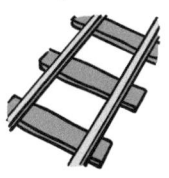

rails

imizila

trein

sitimela

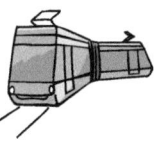

tram

i-tram

wagon

inkalishi

transport - kwetfutsa

helikopter

indiza lenaphephela emhlane

luchthaven

sikhungo setindiza

toren

imoto yekudvonsa letibhajiwe

passagier

bagibeli

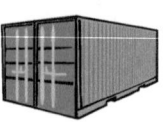

container

intfo yekutfwala

verhuisdoos

likhathoni

kar

i-cart

mand

bhasikidi

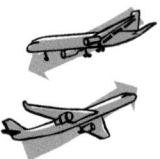

opstijgen / landen

kusuka / kwehla

stad

lidolobha lelikhulu

dorp

umuti

stadscentrum

ekhatsi nelidolobha

huis

indlu

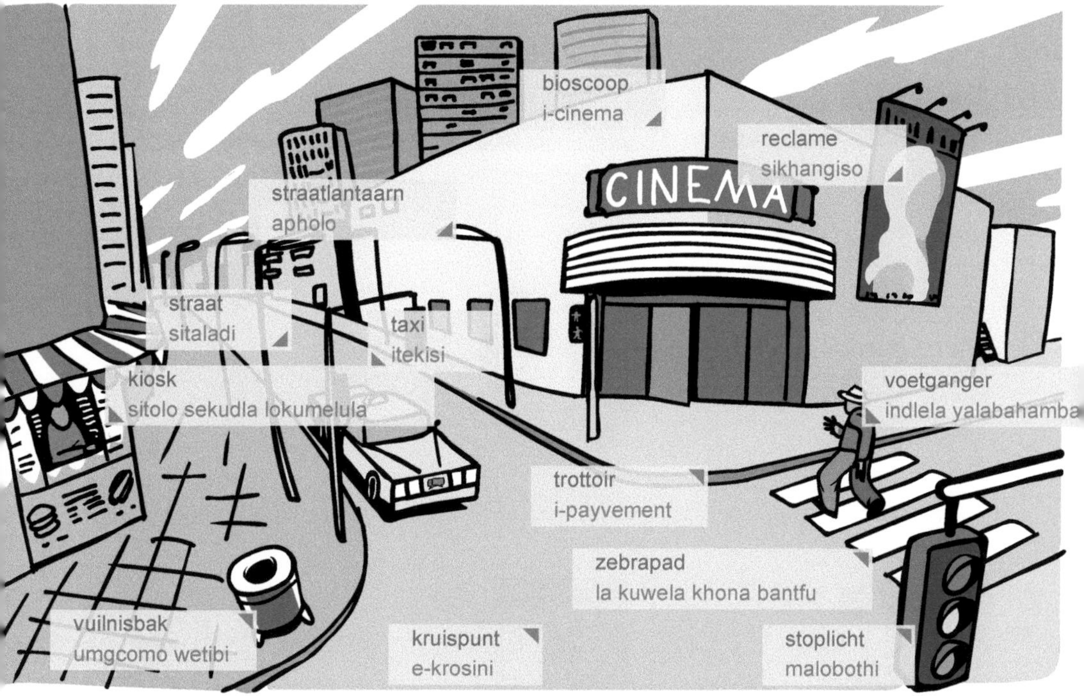

bioscoop
i-cinema

reclame
sikhangiso

straatlantaarn
apholo

CINEMA

straat
sitaladi

taxi
itekisi

kiosk
sitolo sekudla lokumelula

voetganger
indlela yalabahamba

trottoir
i-payvement

zebrapad
la kuwela khona bantfu

vuilnisbak
umgcomo wetibi

kruispunt
e-krosini

stoplicht
malobothi

hut

gucasthandaze

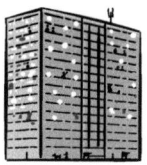

appartement

lifulethi

station

siteshi sesitimela

stadhuis

lihholwa lasedolobheni

museum

imnyusiyamu

school

sikolwa

universiteit

inyuvesi

bank

libhange

ziekenhuis

sibhedlela

hotel

lihhotela

apotheek

ikhemisi

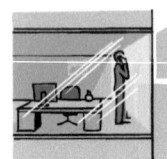

kantoor

lihhovisi

boekenwinkel

sitolo setincwadzi

winkel

sitolo

bloemenwinkel

lotsengisa timbali

supermarkt

isuphamakethe

markt

imakethe

warenhuis

litiko letitolo

visboer

batsengisi betimfishi

winkelcentrum

luchungechuge lwetitolo

haven

sikhungo

park
lipaki

bank
libhentji

brug
libhuloho

trap
titezi

metro
ngephansi kwemhlaba

tunnel
umhume

bushalte
siteshi sebhasi

bar
sitolo setjwala

restaurant
sitolo sekudla

brievenbus
libhokisi leliposi

straatnaambord
luphawu lwemgwaco

parkeermeter
umshini lobala sikhatsi
sekupaka

dierentuin
i-zoo

zwembad
i-swimming pool

moskee
lisontfo lemasulumane

boerderij

lipulazi

vervuiling

kugcolisa umoya

begraafplaats

emathuna

kerk

lisontfo

speelplaats

inkhundla yetemidlalo

tempel

lithempeli

landschap

libala

blad
licembe

wegwijzer
luphawu lwemgwaco

weg
indlela

weide
umshiya

steen
litje

boom
sihlahla

wandelaar
lohamba indlela lendze ngetinyawo

rivier
umfula

gras
tjani

bloem
imbali

vallei

sihosha

berg

ligcuma

meer

lidanyana

bos

lihlatsi

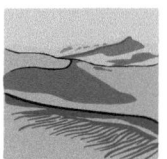

woestijn

lihlane

vulkaan

intsabamlilo

kasteel

umhlambi wetinkhomo

regenboog

umushi wenkhosatane

paddenstoel

likhowa

palmboom

sihlahla semphayini

mug

imbuzulwane

vlieg

kundiza

mier

intfutfwane

bij

inyosi

spin

sayobi

kever

inkhubabulongo

kikker

sicoco

eekhoorn

chakijane

egel

ingungumbane

haas

lolunye luhlobo lwalogwaja

uil

sikhova

vogel

inyoni

zwaan

i-swan

wild zwijn

ingulube yesiganga

hert

inyamatane

eland

i-moose

stuwdam

lidamu

windmolen

i-wind turbine

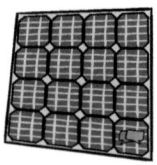

zonnepaneel

i-solar panel

klimaat

simo selitulu

landschap - libala

restaurant
sitolo sekudla

ober
waiter
menu
luhla lwekudla
stoel
situlo
soep
lisobho
pizza
i-pizza
tafelkleed
indvwangu yelitafula
bestek
tipuni imimese netimfologo

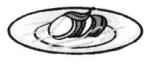

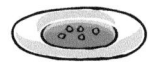

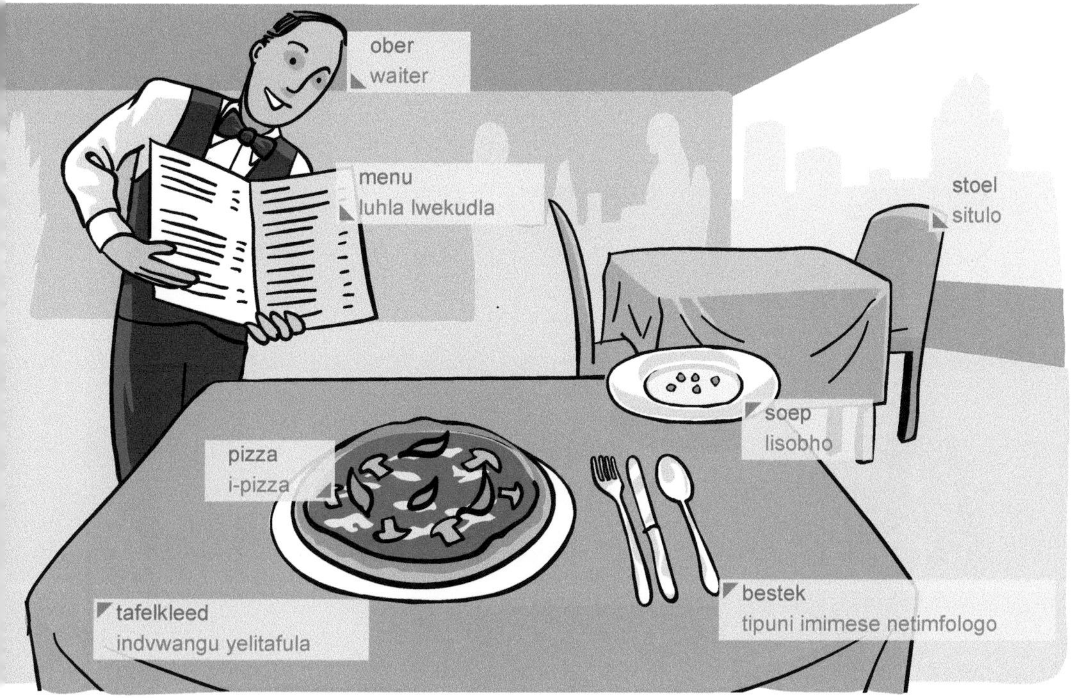

voorgerecht

kudla lokusicalo

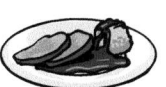

hoofdgerecht

kudla locinile

toetje

idizethi

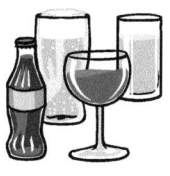

dranken

tinatfo

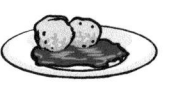

eten

kudla

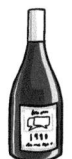

fles

libhodlela

fastfood
kudla lokusheshako

eetkraampje
kudla kwasemngwacweni

theepot
ligedlela lelitiye

suikerpot
indishi yashukela

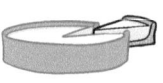

portie
incenye

espressomachine
umshini we-espresso

kinderstoel
situlo lesiphakeme

rekening
ibhili

dienblad
li-tray

mes
umukhwa

vork
imfologo

lepel
sipuni

theelepel
sipuni lesincane

servet
ithishu yetandla

glas
ligilasi

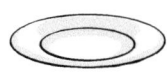

bord
lipuleti

soepbord
lipuleti lelisobho

schotel
lipringi

saus
i-sauce

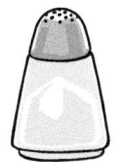

zoutvaatje
libhodvo lasawoti

pepermolen
i-pepper mill

azijn
niniga

olie
emafutsa awoyela

kruiden
tipayisi

ketchup
i-ketchup

mosterd
i-mustard

mayonaise
mayonasi

supermarkt
isuphamakethe

aanbieding
lokusendalini
FOR
klant
likhasimende
zuivelproducten
indzawo yelubisi
fruit
titselo
winkelwagen
i-trolley

BUTCHERS

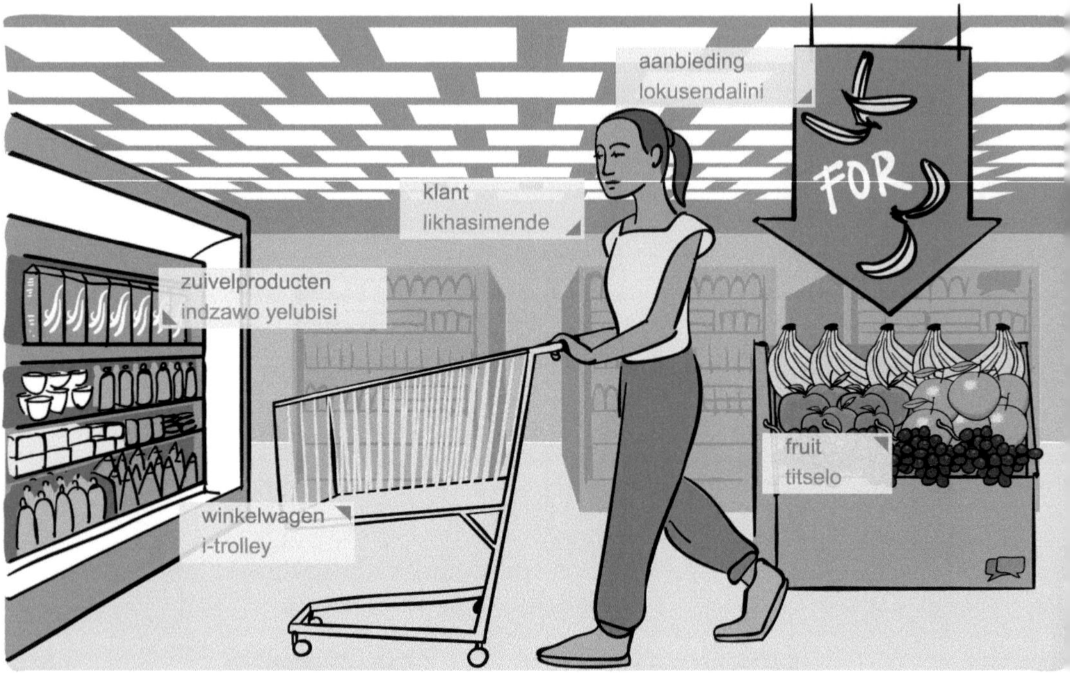

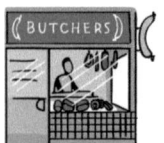

slager
ibhushari

BAKERY

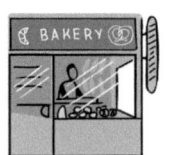

bakkerij
i-baker

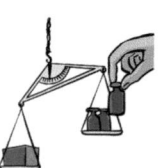

wegen
kala

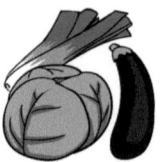

groente
tibhidvo

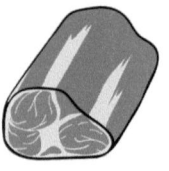

vlees
inyama

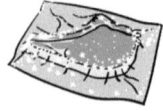

diepvriesproducten
kudla lokucandzisiwe

vleeswaren

inyama lebandzako

conserven

kudla likusemathinini

wasmiddel

insipho yekuwasha

snoepgoed

emaswidi

huishoudelijke artikelen

tintfo tasekhaya

schoonmaakmiddel

imitsi yekukolobha

verkoopster

umuntfu lotsengisako

kassa

endzaweni yekubhadala

kassier

umtsengisi

boodschappenlijstje

uhla lwetintfo tekutsengwa

openingstijden

ema-awa ekuvula

portefeuille

sipatji

creditkaart

likhadi lemali

tas

sikhwama

plastic zak

sikhwama seshekhasi

water

emanti

sap

ijuzi

melk

lubisi

cola

ikhokhi

wijn

liwani

bier

ibhiya

alcohol

tjwala

chocolademelk

ikhokho

thee

litiye

koffie

likhofi

espresso

i-espresso

cappuccino

i-cappuccino

banaan

bhanana

appel

lihhabhula

sinaasappel

liwolintji

watermeloen

melon

citroen

ilemoni

wortel

emavondlela

knoflook

galiki

bamboe

i-bamboo

ui

anyanisi

paddenstoel

emakhowa

noten

emantongomane

pasta

ema-noodles

spaghetti

sipageti

rijst

lilayisi

salade

isaladi

friet

emashibusi

gebakken aardappelen

emazambane lafrayiwe

pizza

i-pizza

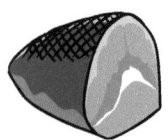

hamburger

i-burger

sandwich

isengwishi

schnitzel

inyama lefulawe netimvitsi
tesinkhwa

ham

i-ham

salami

isalami

worst

livosi

kip

inyama yenkhukhu

gebraad

lokufrayiwe

vis

imfishi

havermout

i-oats

muesli

imusili

cornflakes

ema-cornflakes

meel

fulawa

croissant

ema-croissant

broodjes

sinkhwa

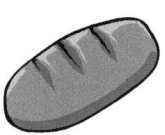

brood

sinkhwa

toast

linkhwa lesithosiwe

koekjes

emabhisikidi

boter

bhotela

kwark

i-curd

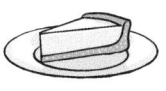

taart

likhekhe

ei

emacandza

gebakken ei

emacandza lafulayiwe

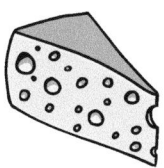

kaas

ishizi

ijs

i-ice cream

suiker

shukela

honing

luju

jam

jamu

chocoladepasta

shokolethi

kerrie

ikheri

boerderij
lipulazi

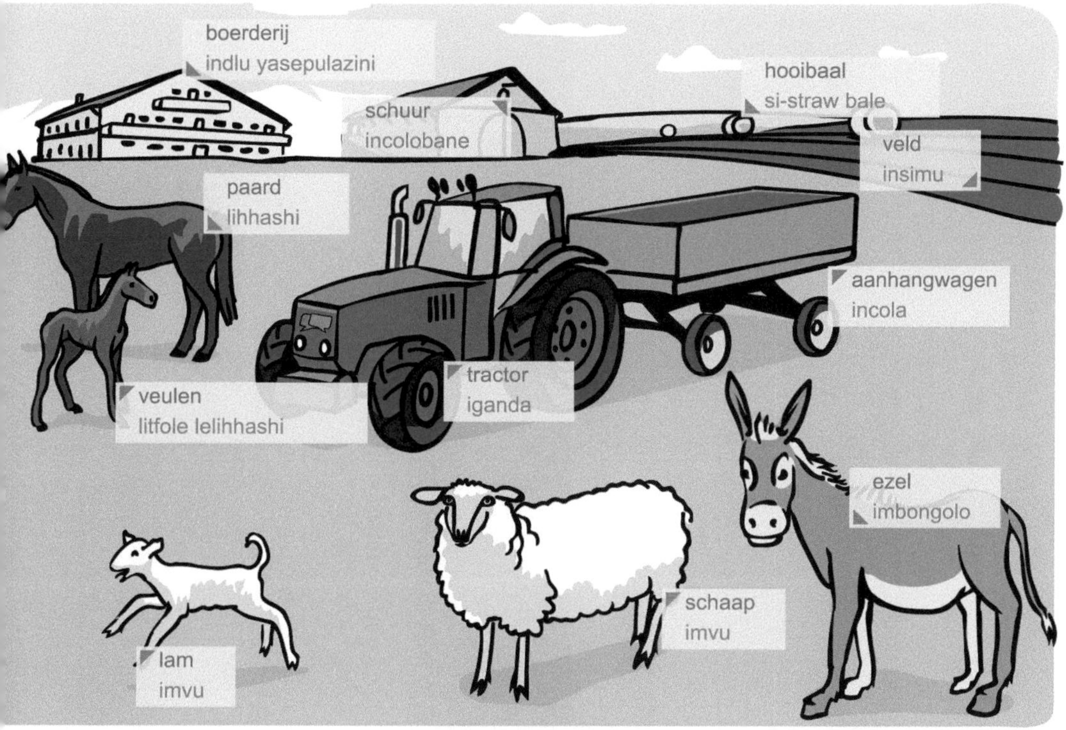

boerderij
indlu yasepulazini
schuur
incolobane
hooibaal
si-straw bale
veld
insimu
paard
lihhashi
aanhangwagen
incola
tractor
iganda
veulen
litfole lelihhashi
ezel
imbongolo
schaap
imvu
lam
imvu

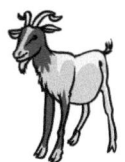

geit

imbuti

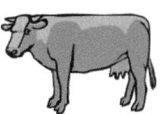

koe

inkhomo

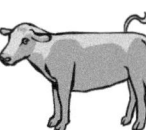

kalf

litfole

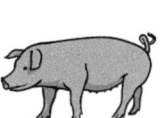

varken

ingulube

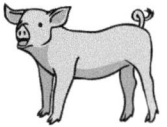

big

ingulutjana

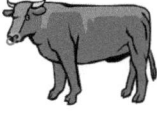

stier

inkhunzi

gans

lihansi

eend

lidada

kuiken

lintjwele

kip

sikhukhukati

haan

lichudze

rat

ligundvwane

kat

likati

muis

ligundvwane lelincane

os

inkhunzi

hond

inja

hondenhok

indlu yenja

tuinslang

liphayiphi lemanti
asengadzini

gieter

libhakede lemanti

zeis

i-scythe

ploeg

likhuba leganda

sikkel
lisikela

schoffel
likhuba

hooivork
imfologo yetjani

bijl
lizembe

kruiwagen
libhala

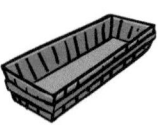

trog
litrofula

melkbus
iromkani

zak
lisaka

hek
ifenisi

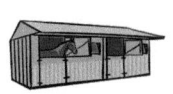

stal
sitebele

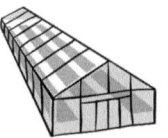

broeikas
indlu leluhlata

grond
umhlabatsi

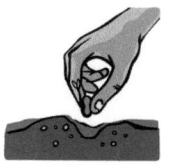

zaad
imbewu

mest
sivundzisi

maaidorser
bavuni

oogsten

vuna

oogst

sivuno

yam

i-yams

tarwe

likhula

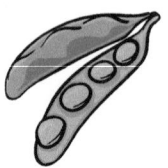

soja

isoyi

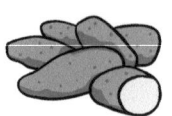

aardappel

lizambane

maïs

sibhuluja sembila

koolzaad

i-rapeseed

fruitboom

sihlahla setitselo

maniok

bhatata

granen

ema-cereals

huis
indlu

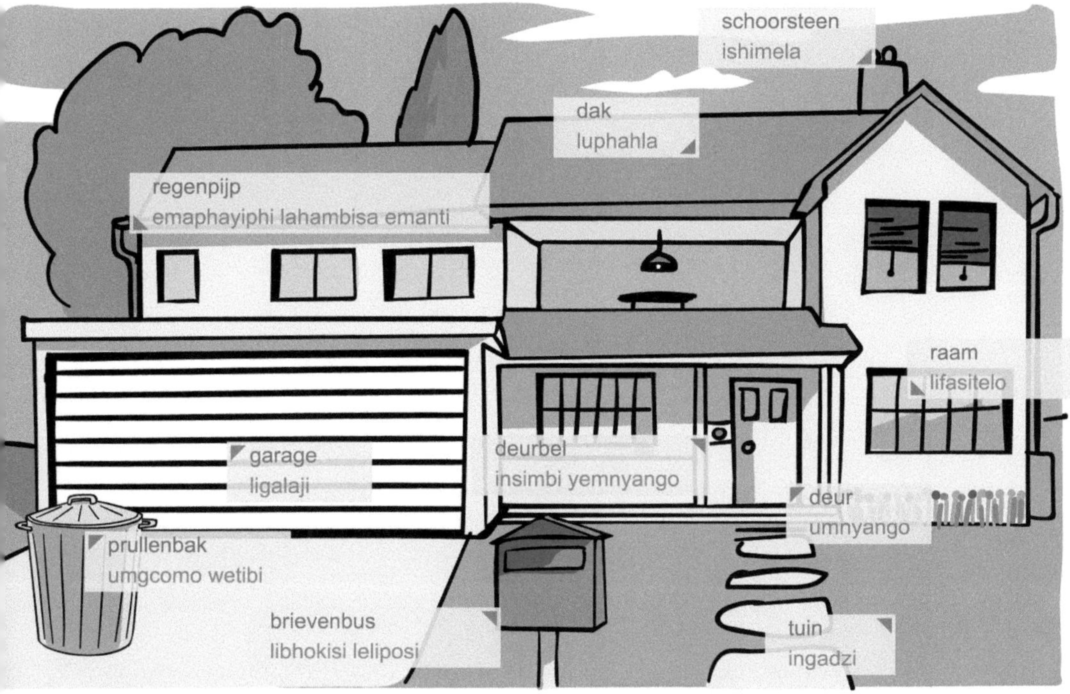
schoorsteen
ishimela
dak
luphahla
regenpijp
emaphayiphi lahambisa emanti
raam
lifasitelo
garage
ligalaji
deurbel
insimbi yemnyango
deur
umnyango
prullenbak
umgcomo wetibi
brievenbus
libhokisi leliposi
tuin
ingadzi

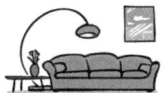

woonkamer

indzawo yamabonakudze

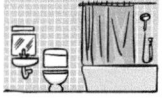

badkamer

likamelo lekugezela

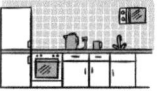

keuken

likhishi

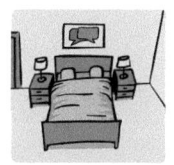

slaapkamer

likamelo

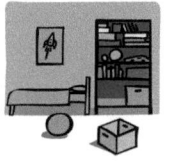

kinderkamer

likamelo lemntfwana

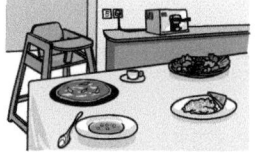

eetkamer

ligumbu lekudlela

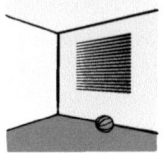

vloer
siyilo

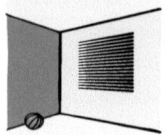

muur
lubondza

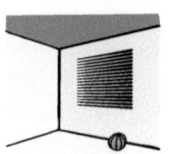

plafond
isilingi

kelder
i-cellar

sauna
i-sauna

balkon
umpheme

terras
libala

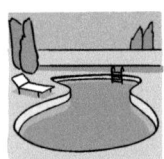

zwembad
lidamu lekududa

grasmaaier
umshini wetjani

laken
lishidi

bedsprei
ibhedspredi

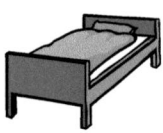

bed
umbhedze

bezem
umshanelo

emmer
libhakede

schakelaar
iswishi

woonkamer
indzawo yamabonakudze

behang
i-wallpaper
foto
sitfombe
lamp
sibane
plank
lishelufa
kast
likhabethe
televisie
mabonakudze
open haard
likahela
bloem
imbali
kussen
ikhushini
bankstel
sofa
vaas
ivasi
afstandsbediening
irimothi

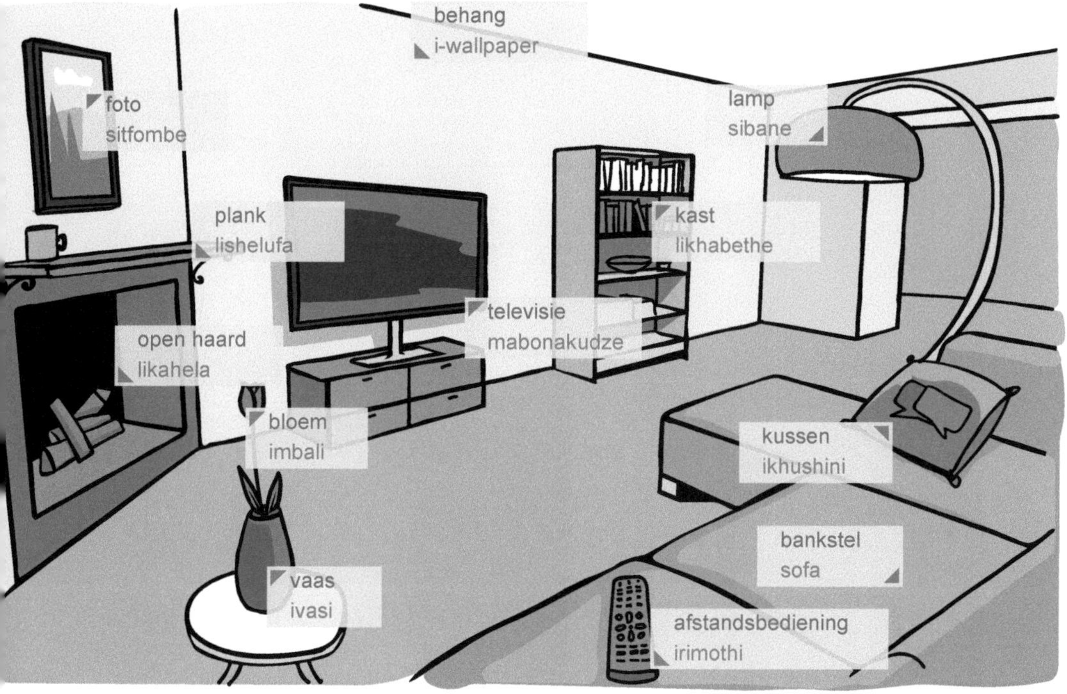

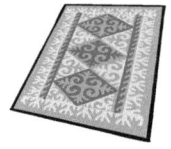

tapijt

imadi yendlu

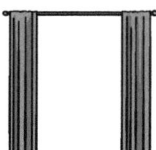

gordijn

likhetheni

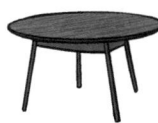

tafel

litafula

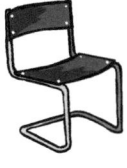

stoel

situlo

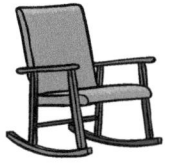

schommelstoel

situlo sangephandle

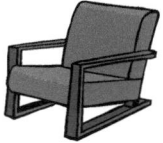

stoel

situlosemikhono

boek

incwadzi

deken

ingubo

decoratie

umhlobiso

brandhout

tinkhuni tekubasa

film

lifilimu

stereo-installatie

igumbagumba

sleutel

tikhiya

krant

liphephandzaba

schilderij

pende

poster

likhadi laselubondzeni

radio

iwayilensi

kladblok

kwekutsa emaphuzu

stofzuiger

i-hoover

cactus

sitjalo lokutsiwa yi-cactus

kaars

likhandlela

keuken
likhishi

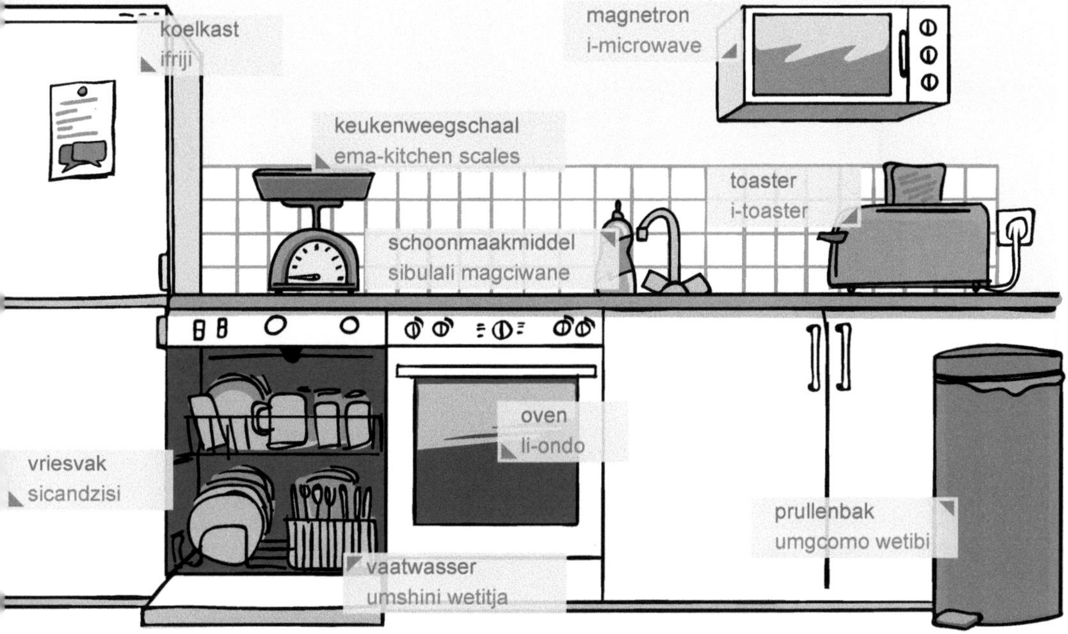
koelkast
ifriji
magnetron
i-microwave
keukenweegschaal
ema-kitchen scales
toaster
i-toaster
schoonmaakmiddel
sibulali magciwane
oven
li-ondo
vriesvak
sicandzisi
prullenbak
umgcomo wetibi
vaatwasser
umshini wetitja

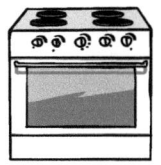

fornuis

umpheki

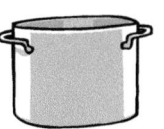

pan

libhodvo

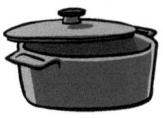

gietijzeren pan

i-cast-iron pot

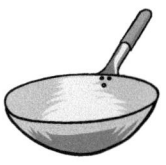

wok / kadai

i-wok /kadai

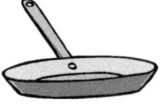

koekenpan

lipani

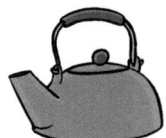

ketel

ligedlela

stoomkoker

i-steamer

bakplaat

lipani lekubhaka

servies

i-crockery

beker

imagi

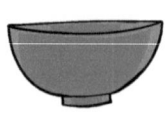

kom

indishi

eetstokjes

tindvukwana tekujuba

soeplepel

i-landle

spatel

si-spatula

garde

i-whisk

vergiet

i-strainer

zeef

i-sieve

rasp

i-grater

vijzel

i-mortar

barbecue

i-barbecue

vuurhaard

umlilo lovulekile

snijplank

libhodi lekujuba kudla

deegroller

i-rolling pin

kurkentrekker

i-corkscrew

blik

likani

blikopener

lithulusi lekuvala likani

pannenlap

intfo yekubeka emabhodvo

wasbak

izinki

borstel

libhulashi

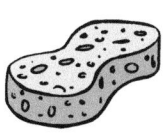

spons

sipontji

blender

i-blender

vriezer

i-deep freezer

babyflesje

libhodlela lemntfwana

kraan

impompi

badkamer
likamelo lekugezela

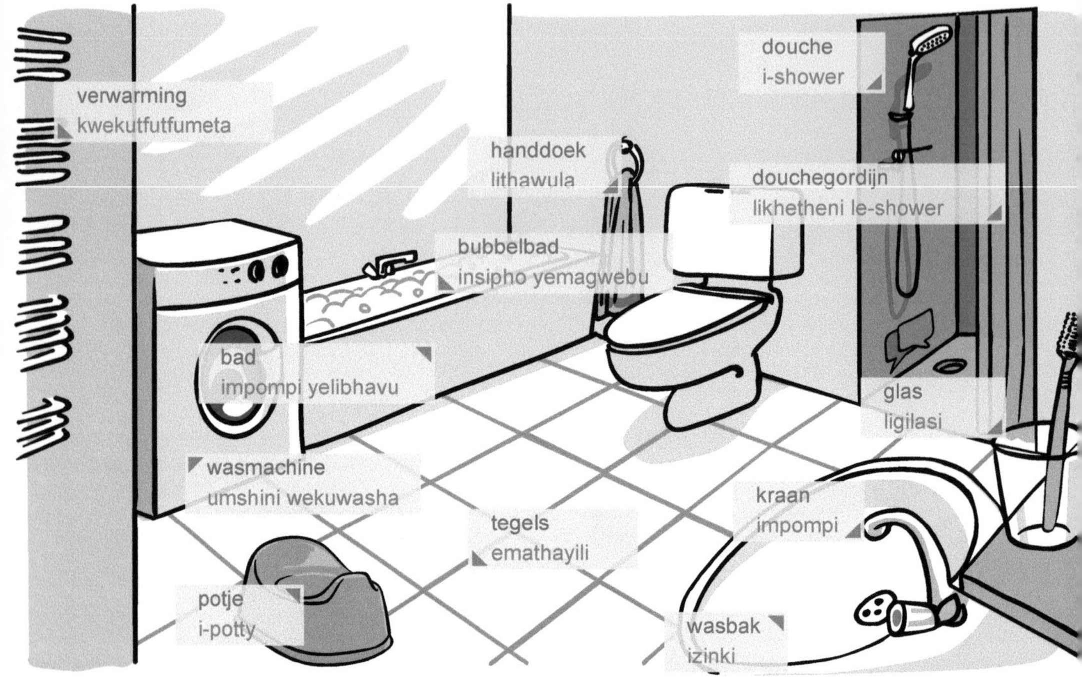
verwarming
kwekutfutfumeta
handdoek
lithawula
douche
i-shower
douchegordijn
likhetheni le-shower
bubbelbad
insipho yemagwebu
bad
impompi yelibhavu
glas
ligilasi
wasmachine
umshini wekuwasha
kraan
impompi
tegels
emathayili
potje
i-potty
wasbak
izinki

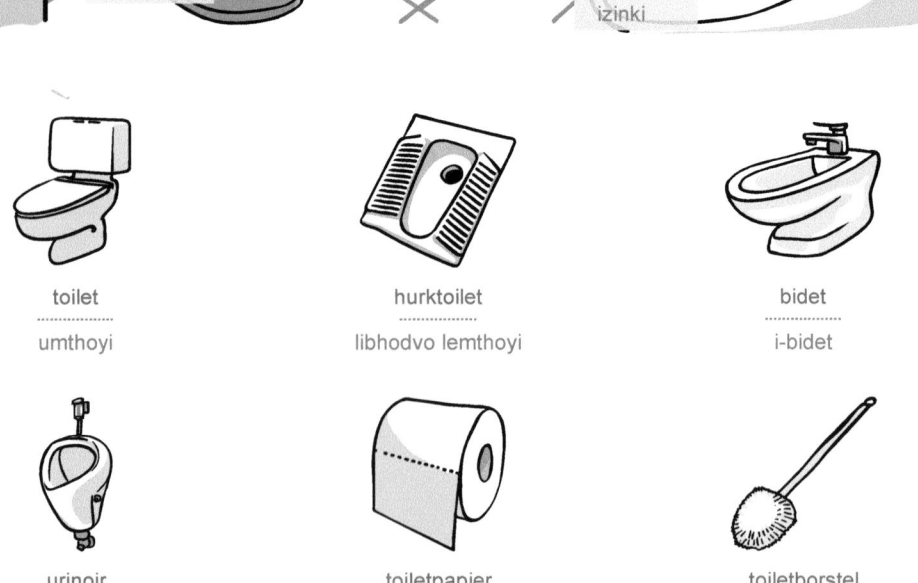

toilet

umthoyi

hurktoilet

libhodvo lemthoyi

bidet

i-bidet

urinoir

umnchamo

toiletpapier

ithishu

toiletborstel

libhulashi lemthoyi

tandenborstel

libhulashi lematinyo

tandpasta

insipho yematinyo

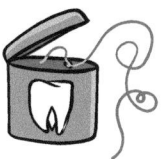

flosdraad

intsambo yekuhlanta
ematinyo

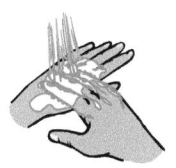

wassen

washa

handdouche

liphayiphu le-shower
lelibanjwa ngetandla

toiletdouche

i-douche

waskom

i-basin

rugborstel

libhulashi lemgogodla

zeep

insipho lecinile

douchegel

i-gel ye-shower

shampoo

insipho yemagwebu

washanje

i-flannel

afvoer

kwekuhambisa emanti

creme

i-cream

deodorant

emakha emakhwapha

spiegel

sibuko

make-upspiegel

sibuko lesincane

scheermes

i-razor

scheerschuim

emagwebu ekushefa

aftershave

kwegcobisa ngemuva
kwekushefa

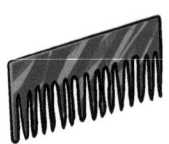

kam

i-comb

borstel

libhulashi

haardroger

kwekomisa tinwele

haarspray

kwekufutsa tinwele

make-up

kwekutimomonya

lippenstift

i-lipstick

nagellak

pende wetingalo

watten

i-cotton wool

nagelschaartje

sikelo setingalo

parfum

emakha

toilettas

ikhwama setintfo tekugeza

kruk

situlo

weegschaal

sikali sesisindvo

badjas

kwekugcoka nawugeza

rubber handschoenen

emagilavu e-rubber

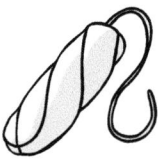

tampon

i-tampon

maandverband

lithawula lekuhlanta

chemisch toilet

imitsi yekukolobha umthoyi

kinderkamer
likamelo lemntfwana

wekker
liwashi le-alamu
knuffeldier
lithoyi lekudlala
speelgoedauto
lithoyizi lemoto
rammelaar
i-rattle
poppenhuis
imipopi
cadeau
i-present

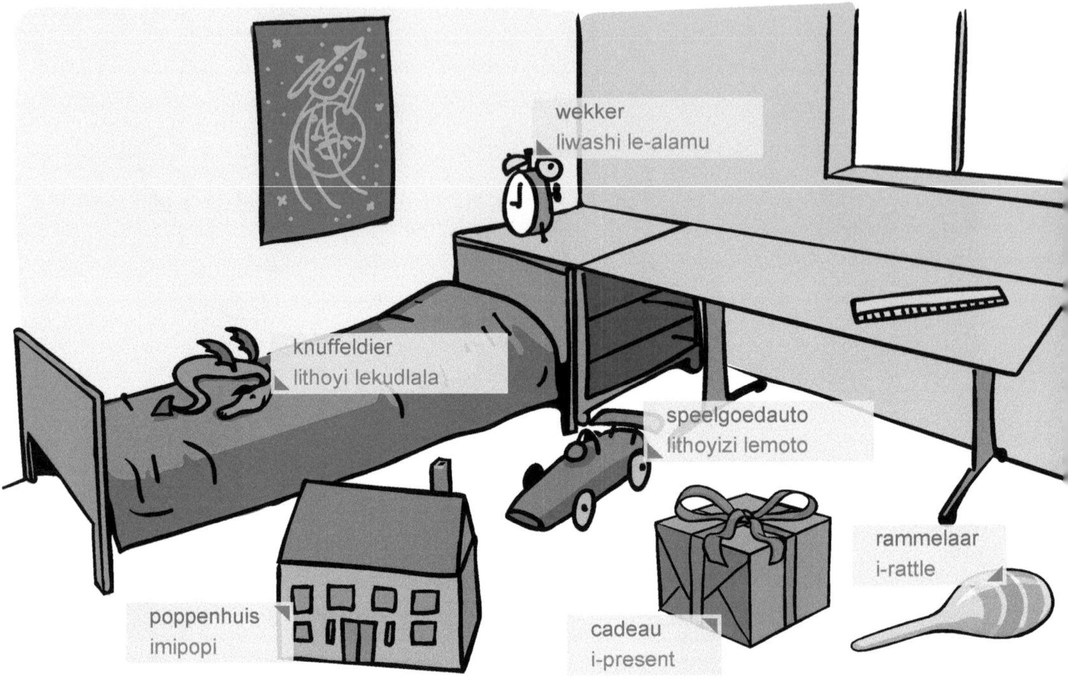

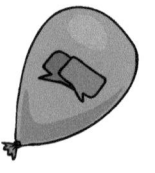

ballon
ibhaluni

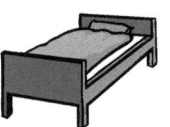

bed
umbhedze

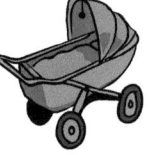

kinderwagen
ipram

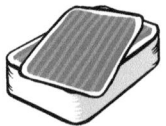

kaartspel
emakhadi ekudlala

puzzel
i-jigsaw

SUPER MEGA

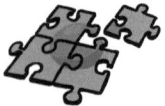

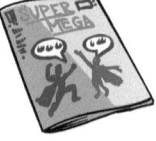

stripverhaal
i-comic

legostenen

emabloko e-lego

speelgoedblokken

emabloko ekwakha

actiefiguurtje

i-actionfigure

romper

kukhula kwemntfwana

frisbee

i-frisbee

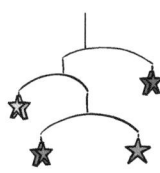

mobile

i-mobile

bordspel

ibhodi yemdlalo

dobbelsteen

lidayisi

modeltrein

isethi yemathoyizi etitimela

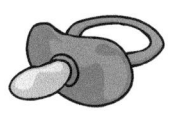

speen

i-dummy

feestje

i-party

prentenboek

incwadzi yetitfombe

bal

ibhola

pop

nodoli

spelen

dlala

zandbak

umgodzi wemhlabatsi

schommel

umjikeli

speelgoed

emathoyizi

spelcomputer

umshini wemdlalo wema-
video

driewieler

masondvontsatfu

teddybeer

umdoli welibhele

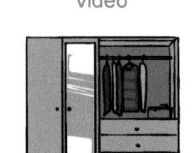

kleerkast

ihhodrobhu

kleding

timphahla tekugcoka

sokken

emakawosi

kousen

ema-stockings

panty

umtjopi

sjaal
sikafu

riem
libhande

paraplu
sambulelo

T-shirt
tikibha

sportschoenen
timphahla tekujima

laarzen
emabhudzi

pantoffels
ticatfulo tasendlini

sandalen
tincabule

schoenen
ticatfulo

rubberlaarzen
emabhudzi emvula

onderbroek
emabhuluko angephansi

beha
ibhodi

onderhemd
i-vest

body
umtimba

broek
emabhuluko

spijkerbroek
ibhokathi

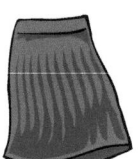

rok
sikedi

blouse
liblawosi

overhemd
liyembe

trui
i-pullover

hoody
i-hoodie

blazer
libhantji

jas
silamba

mantel
lijazi

regenjas
lijazi lemvula

kostuum
i-costume

jurk
lilogo

trouwjurk
likogo lemshado

pak

isudi

nachthemd

i-gown yasebusuku

pyjama

emabhijamu

sari

i-sari

hoofddoek

sikafu

tulband

i-turban

boerka

i-burqa

kaftan

i-kaftan

abaja

i-abaya

zwempak

timphahla tekududa

zwembroek

ema-anda

korte broek

emabhuluko lamafishane

trainingspak

i-treksudi

schort

liphinifa

handschoenen

emaglavu

knoop

inkinobho

bril

tibuko

armband

buhlalu

ketting

umgaco

ring

indandatho

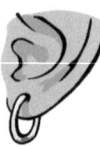

oorbel

emacici

pet

likepisi

kledinghanger

i-hanger yelijazi

hoed

sigcoko

stropdas

thayi

rits

iziphu

helm

sivikelo senhloko

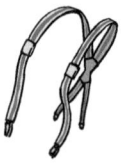

bretels

kwekusekela sitfo semtimba

schooluniform

timphahla tesikolwa

uniform

inyunifomu

slabbetje

i-bib

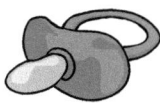

speen

i-dummy

luier

linabukeli

kantoor
lihhovisi

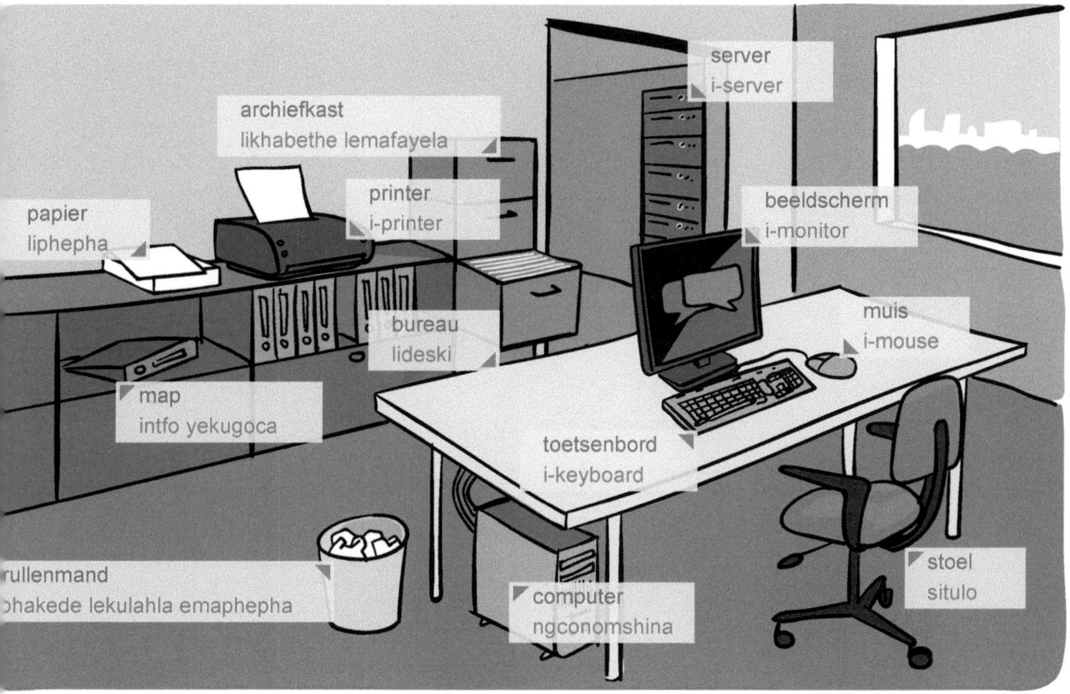

server
i-server

archiefkast
likhabethe lemafayela

printer
i-printer

papier
liphepha

beeldscherm
i-monitor

bureau
lideski

muis
i-mouse

map
intfo yekugoca

toetsenbord
i-keyboard

rullenmand
phakede lekulahla emaphepha

stoel
situlo

computer
ngconomshina

koffiemok

likomishi lelikofi

rekenmachine

i-calculator

internet

i-inthanethi

laptop

i-laptop

brief

incwadzi

bericht

umlayeto

mobiele telefoon

i-mobile

netwerk

i-network

kopieermachine

umshini wekwenta emakhophi

software

i-software

telefoon

lucingo

stopcontact

liplaliki lagesi

fax

umshini wekufeksa

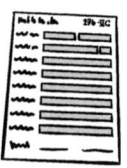

formulier

lifomu

document

liphepha

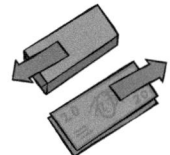

kopen

tsenga

betalen

bhadala

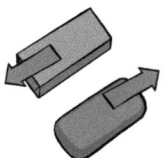

handel drijven

beka imali

geld

imali

dollar

li-dollar

euro

li-euro

yen

li-yen

roebel

li-rouble

Zwitserse frank

i-Swiss franc

renminbi yuan

i-renminbi yuan

roepie

i-rupee

geldautomaat

umshini wemali

wisselkantoor

i-bureau de change

goud

ligolide

zilver

lisiliva

olie

woyela

energie

emandla

prijs

linani

contract

sivumelwano

belasting

umtselo

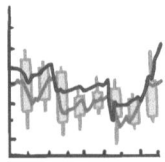

aandeel

sitoko

werken

sebenta

werknemer

sisebenti

werkgever

umcashi

fabriek

ifemu

winkel

sitolo

beroepen
tikhundla

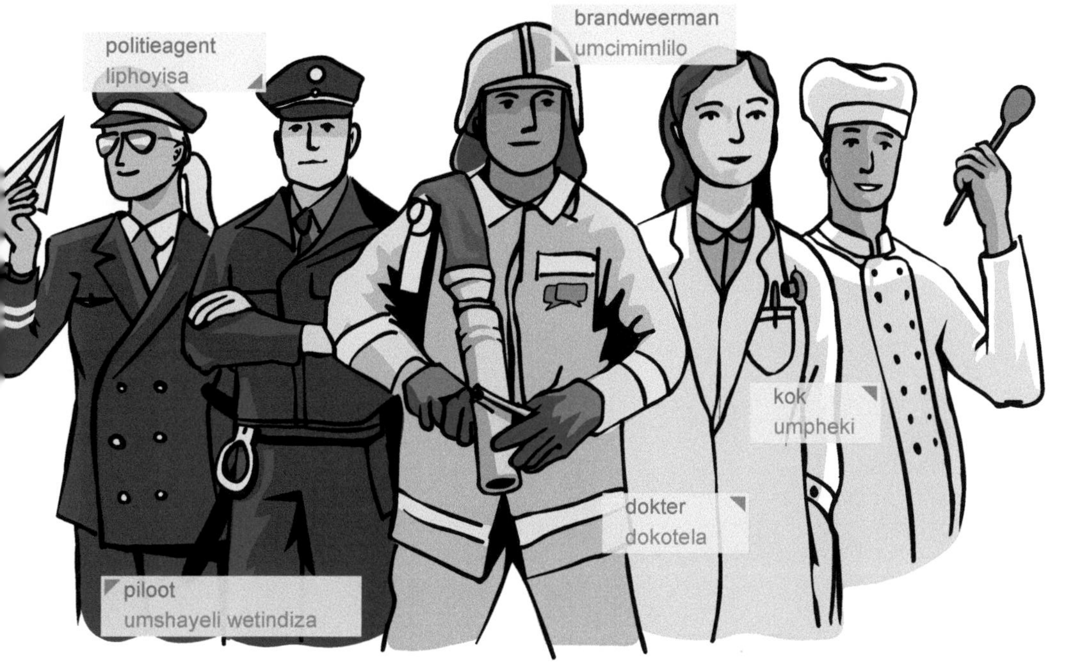
politieagent
liphoyisa
brandweerman
umcimimlilo
kok
umpheki
dokter
dokotela
piloot
umshayeli wetindiza

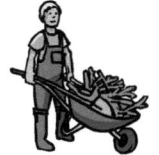

tuinman

losebenta engadzini

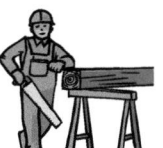

timmerman

ummbati

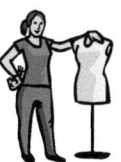

naaister

umtfungi

rechter

mehluleli

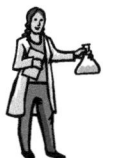

scheikundige

khemisi

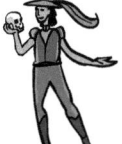

toneelspeler

umlingisi

buschauffeur

umshayeli webhasi

taxichauffeur

umshayeli wekhumbi

visser

umdvobi

schoonmaakster

limedi

dakdekker

umfuleli

ober

waiter

jager

umtingeli

schilder

mapendani

bakker

umbhaki

elektricien

gesana

bouwvakker

meselane

ingenieur

sonjiniyela

slager

umtsengisi wenyama

loodgieter

somaphayiphi

postbode

lohambisa liposi

soldaat

lisotja

architect

umdvwebi wemapulani

kassier

umtsengisi

bloemist

umtsengisi wetimbali

kapper

losebenta ngetinwele

conducteur

umbhidisi

monteur

mekhenikha

kapitein

kaputeni

tandarts

dokotela wematinyo

wetenschapper

sosayensi

rabbi

rabi

imam

imam

monnik

monk

pastoor

umfundisi

gereedschap
emathulusi

tang
lidlawu
hamer
lihhamela
schroevendraaier
skurudrava
zaklamp
lithoshi
moersleutel
spanela

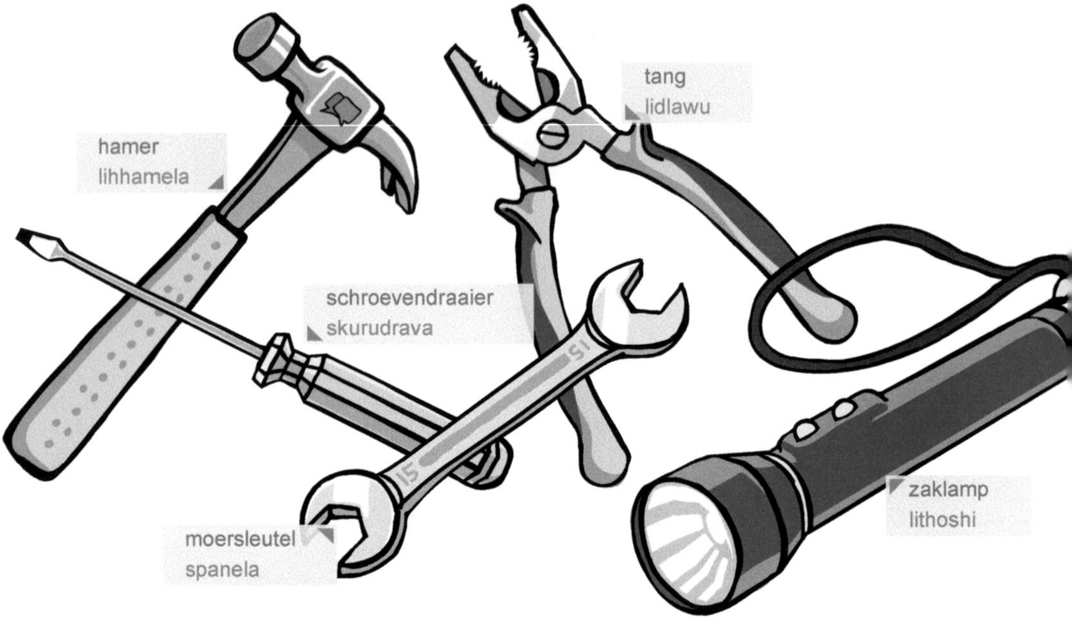

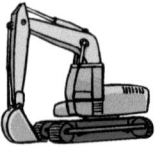

graafmachine

lifosholo

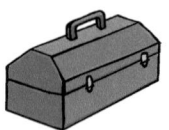

gereedschapskist

libhokisi lemathulusi

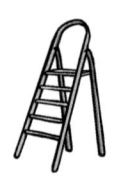

ladder

lilele

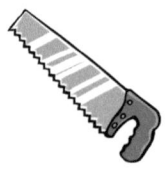

zaag

lisaha

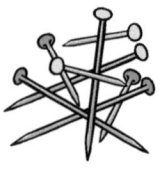

spijkers

tipikili

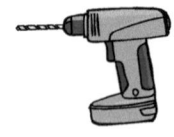

boor

umshini wekwenta timbobo

repareren
....
lungisa

schep
....
lifosholo

Verdorie!
....
i-Damni!

stofblik
....
lipani lekuwola tibi

verfpot
....
likani lapende

schroeven
....
tikruzi

muziekinstrumenten
insimbi yemculo

luidspreker
sipika lesikhulu

drumstel
ikhithi yemadramu

gitaar
lugitali

contrabas
lugitali lolukhulu

trompet
i-trumpet

piano

i-piano

viool

ivayolini

bas

ibhesi

pauk

i-timpani

trommel

emadramu

keyboard

i-keyboard

saxofoon

i-saxohone

fluit

ifluthi

microfoon

umbhobho

dierentuin

i-zoo

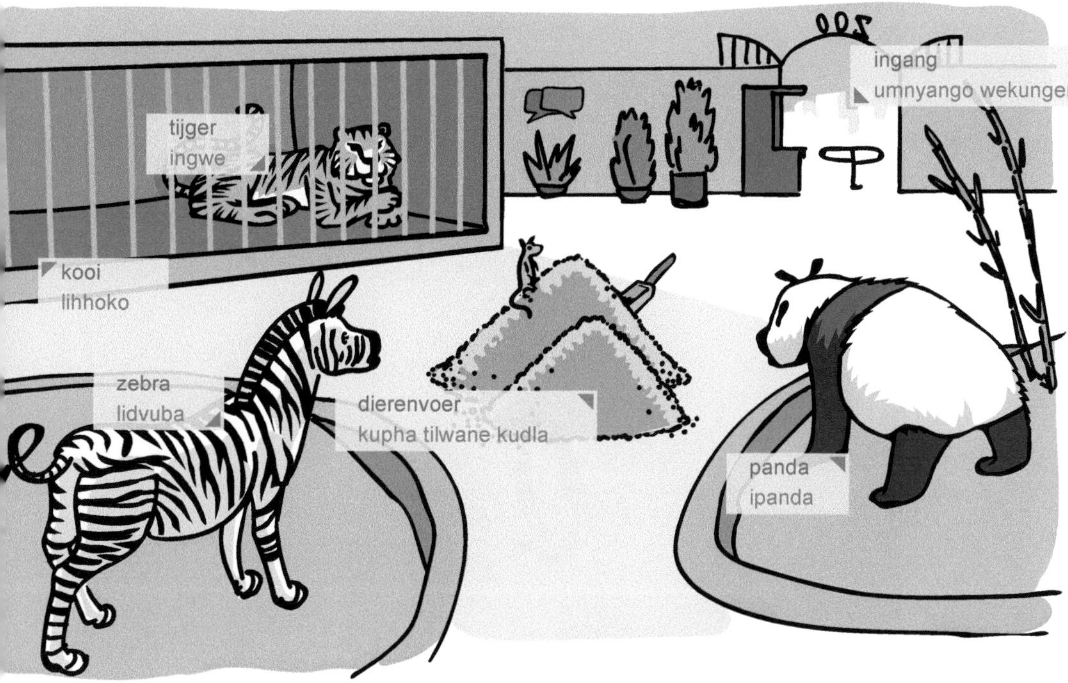

ingang
umnyango wekungena
tijger
ingwe
kooi
lihhoko
zebra
lidvuba
dierenvoer
kupha tilwane kudla
panda
ipanda

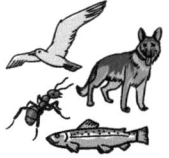

dieren

tilwane

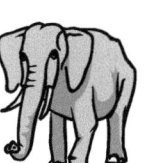

olifant

indlovu

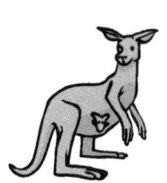

kangoeroe

ikangaru

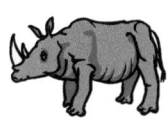

neushoorn

bhejane

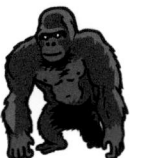

gorilla

igorila

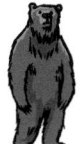

beer

libhele

kameel

likamela

struisvogel

i-ostrishi

leeuw

libhubesi

aap

imfene

flamingo

i-flamingo

papegaai

iparoti

ijsbeer

libhele

pinguïn

iphejini

haai

shaka

pauw

iphigogo

slang

inyoka

krokodil

ingwenya

dierenverzorger

umgcini tilwane

zeehond

isili

jaguar

i-jaguar

pony
poni

luipaard
ingwe

nijlpaard
imvubu

giraffe
indlulamitsi

adelaar
lusweti

wild zwijn
ingulube yesiganga

vis
imfishi

schildpad
lifundvu

walrus
i-warasi

vos
jakalazi

gazelle
inyamatane

American football
libhola letinyawo laseMelika

wielrennen
umdlalo wemabhayisikili

tennis
itenesi

basketbal
i-basketball

zwemmen
kududa

boksen
umdlalo wetibhakela

ijshockey
umdlalo waselichweni

voetbal
libhola letinyawo

badminton
i-badminton

atletiek
tingijimi

handbal
libhola letandla

skiën
umdlalo wekuntjuza

polo
i-polo

activiteiten
imisebenti

lachen
hleka
springen
gcuma
knuffelen
gona
lopen
hamba
zingen
hlabela
dromen
liphupho
bidden
thantaza
kussen
cabuza

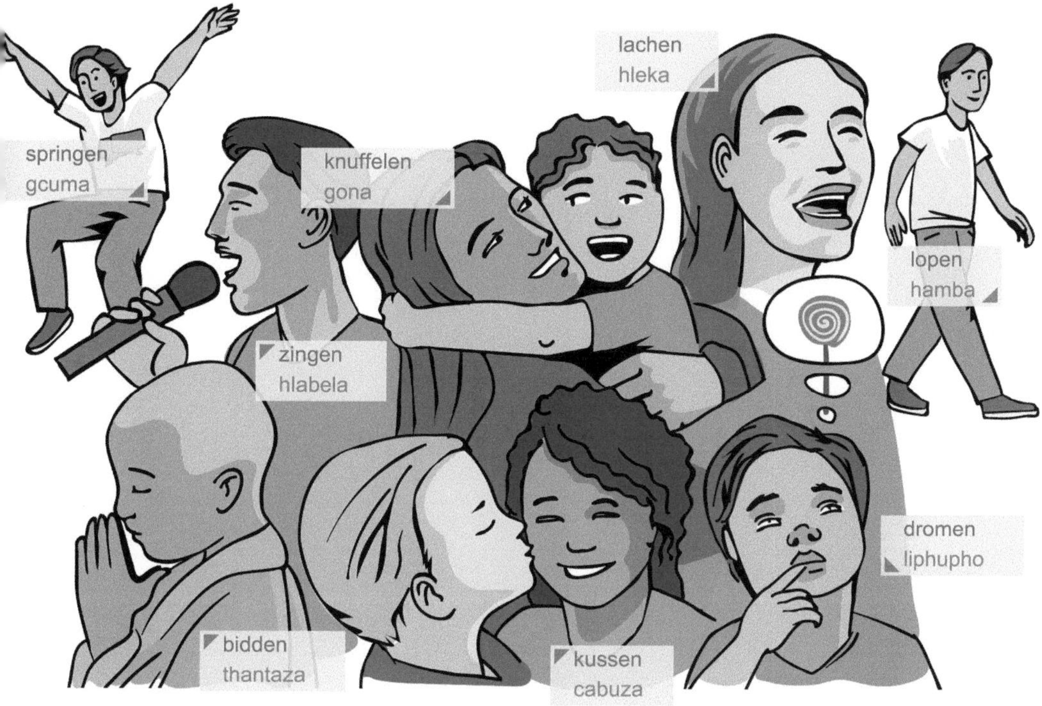

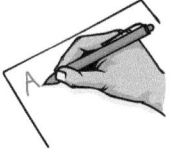

schrijven

bhala

tekenen

tsatsa

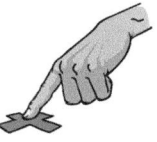

tonen

khombisa

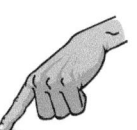

duwen

fuca

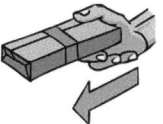

geven

nika

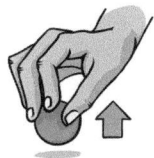

oppakken

tsatsa

hebben

tsatsa

doen

yenta

zijn

be

staan

sukuma

rennen

gijima

trekken

dvonsa

gooien

jika

vallen

wani

liggen

cala emanga

wachten

mani

dragen

tsatsa

zitten

hlala

aankleden

yembatsa

slapen

lala

wakker worden

vuka

bekijken
buka

huilen
khala

strelen
shaya

kammen
kama

praten
khuluma

begrijpen
condza

vragen
buta

horen
lalela

drinken
natsa

eten
dlani

opruimen
gcogca

houden van
tsandza

koken
pheka

rijden
shayela

vliegen
ndiza

zeilen

ntjuza

rekenen

bala

lezen

fundza

leren

fundza

werken

sebenta

trouwen

shada

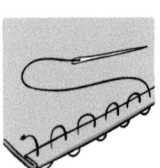

naaien

tfunga

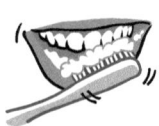

tandenpoetsen

kugeza ematinyo

doden

bulala

roken

bhema

verzenden

tfumela

familie
umndeni

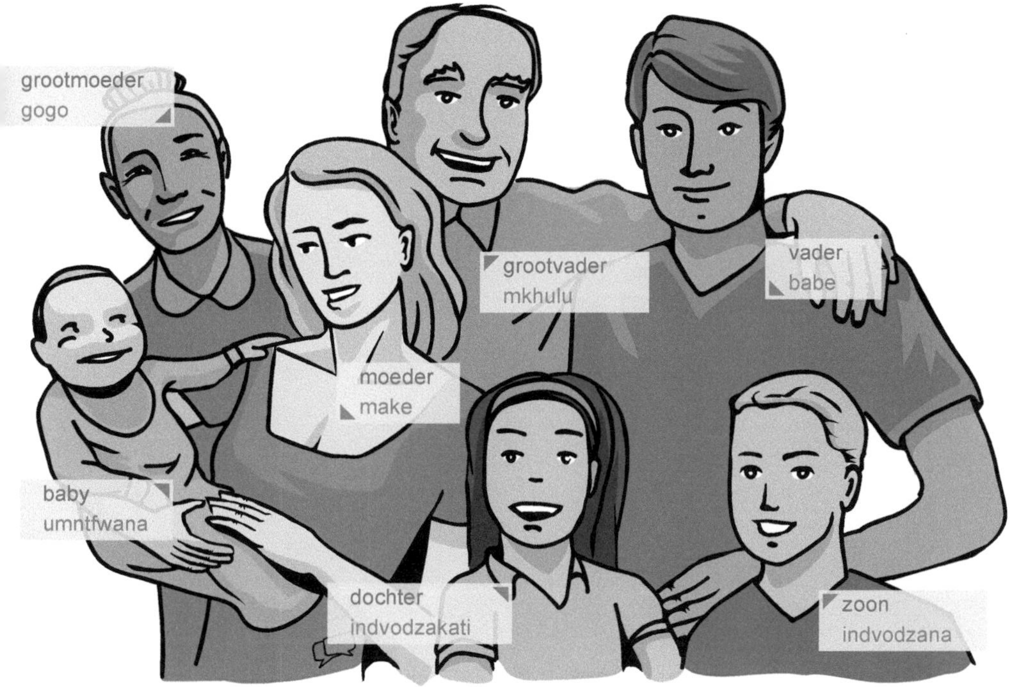
grootmoeder
gogo
grootvader
mkhulu
vader
babe
moeder
make
baby
umntfwana
dochter
indvodzakati
zoon
indvodzana

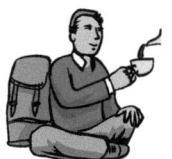

gast

sivakashi

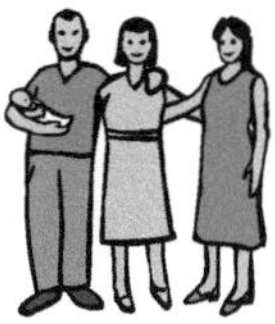

tante

anti

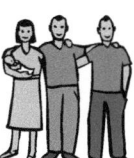

oom

malume

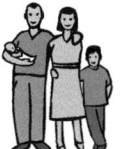

broer

umnaketfu

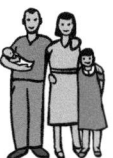

zus

sisi

lichaam

umtimba

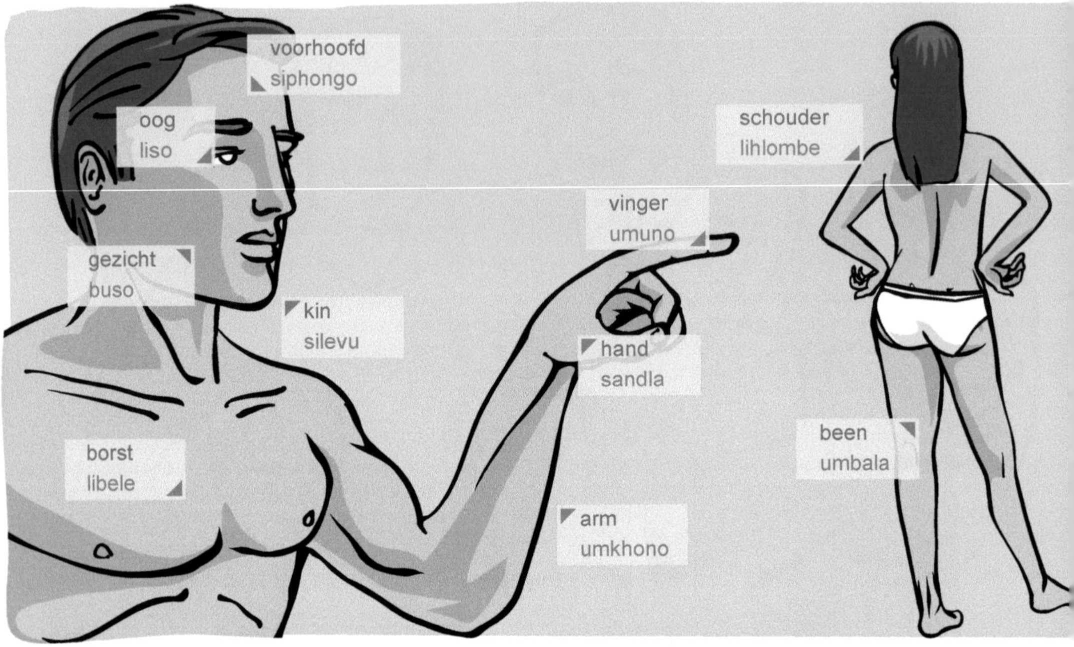

voorhoofd
siphongo

oog
liso

schouder
lihlombe

vinger
umuno

gezicht
buso

kin
silevu

hand
sandla

borst
libele

been
umbala

arm
umkhono

baby
umntfwana

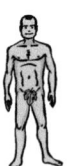

man
indvodza

vrouw
umfati

meisje
intfombatane

jongen
umfana

hoofd
inhloko

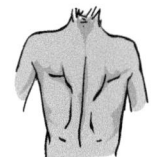

rug

emuva

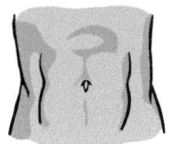

buik

umkhatjana

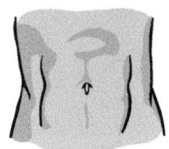

navel

sibhono

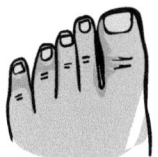

teen

luzwane

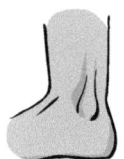

hiel

sitsendze

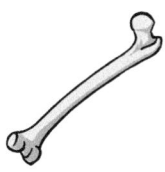

bot

litsambo

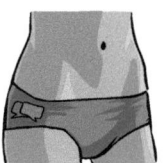

heup

litsanga

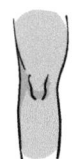

knie

lidvolo

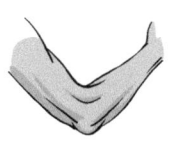

elleboog

ingcosa

neus

imphumulo

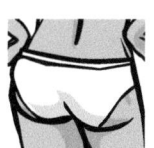

achterwerk

entansi

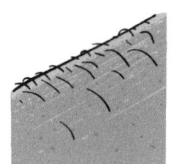

huid

sikhumba

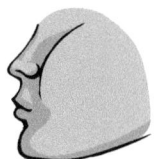

wang

sihlatsi

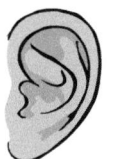

oor

indlebe

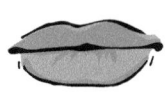

lippen

indzebe

mond
umlomo

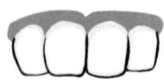

tand
litinyo

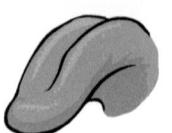

tong
lilimi

hersenen
bucopho

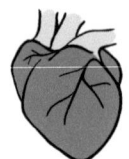

hart
inhlitiyo

spier
umsipha

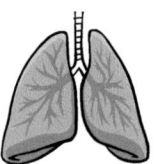

long
liphaphu

lever
sibindzi

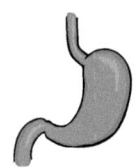

maag
sisu

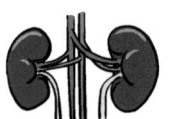

nieren
tinso

geslachtsgemeenschap
kulalana

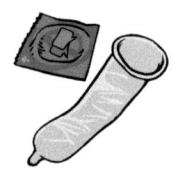

condoom
lijazi lemkhwenyana

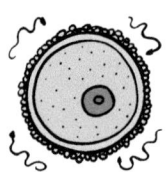

eicel
licandza lentalo

sperma
sidvodza

zwangerschap
kukhulelwa

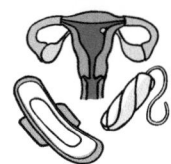

menstruatie

kuya esikhatsini

vagina

ligolo

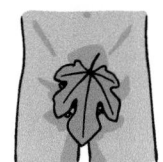

penis

umpipi

wenkbrauw

inkhophe

haar

lunwele

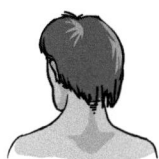

hals

intsamo

ziekenhuis
sibhedlela

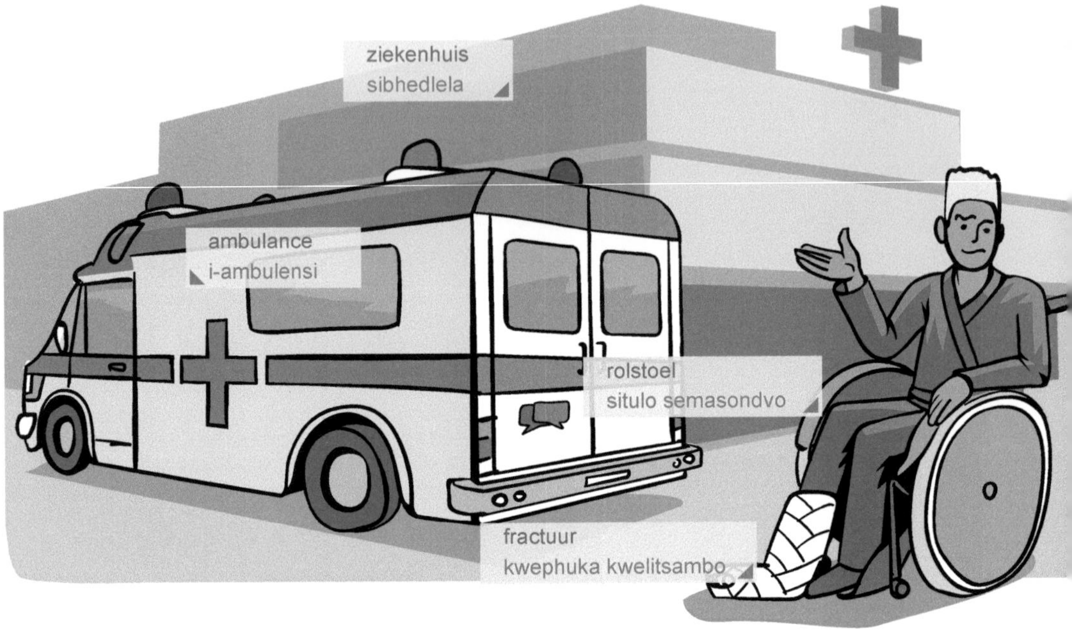

ziekenhuis
sibhedlela
ambulance
i-ambulensi
rolstoel
situlo semasondvo
fractuur
kwephuka kwelitsambo

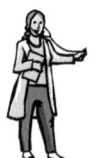

dokter

dokotela

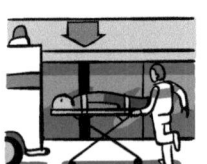

EHBO

ligumbi letimo letiphutfumako

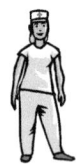

verpleegster

nesi

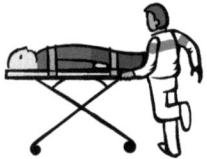

noodgeval

simo lesiphutfumako

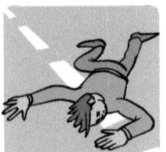

bewusteloos

kucaleka

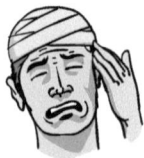

pijn

buhlungu

verwonding

kulimala

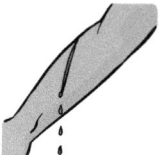

bloeding

kopha

hartaanval

kuhlaselwa sifo senhlitiyo

beroerte

kufa luhlangotsi

allergie

i-aleji

hoest

kukhwehlela

koorts

kushisa

griep

umkhuhlane

diarree

kusheka

hoofdpijn

kubulawa yinhloko

kanker

umdlavuza

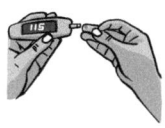

diabetes

kuba nashukela

chirurg

dokotela

scalpel

umukhwa wekusika
wabodokotela

operatie

kusikwa

CT

i-CT

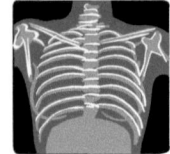

röntgen

i-x ray

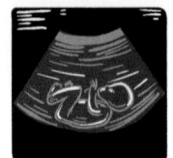

echografie

umsindvo

gezichtsmasker

sifonyo

ziekte

sifo

wachtkamer

ligumbi lekulindza

kruk

indvuku yekuhamba

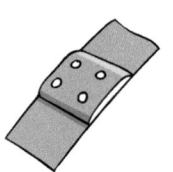

pleister

i-plaster

verband

ibhandishi

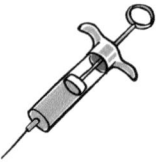

injectie

umjovo

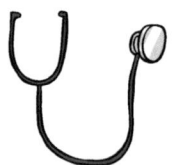

stethoscoop

lithulusi labodokotela
lekulalela inhlitiyo

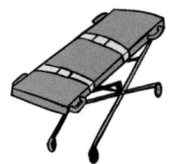

brancard

luhlaka

thermometer

kwekuhlola lizinga lemuntfu
lekushisa

geboorte

kutalwa

overgewicht

kunona kakhulu

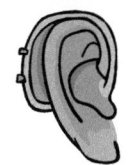

gehoorapparaat

tinsita tekuva etindlebeni

ontsmettingsmiddel

sibulali magciwane

infectie

kwesuleleka ngesifo

virus

ligciwane

HIV / AIDS

i-HIV / AIDS

medicijn

umutsi

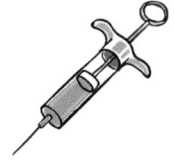

inenting

kugoma

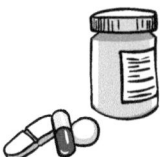

tabletten

emaphilisi

pil

liphilisi

alarmnummer

lucingo loluphutfumako

bloeddrukmeter

sicaphi semfutfo wengati

ziek / gezond

gula / umcemane

Help!

Lusito!

alarm

i-alamu

overval

kuhlukumeta

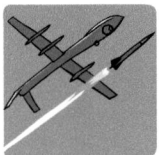

aanval

kuhlasela

gevaar

ingoti

nooduitgang

umnyango wekuphuma
nakuphutfuma

Brand!

Umlilo

brandblusser

sicishamlilo

ongeluk

ingoti

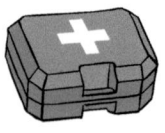

EHBO-koffer

ikhidi yelusito lwekucala

SOS

SOS

politie

emaphoyisa

Europa

i-Europe

Noord-Amerika

iNyakatfo YeMelika

Zuid-Amerika

iNingizimu YeMelika

Afrika

i-Afrika

Azië

i-Asia

Australië

i-Australia

Atlantische Oceaan

i-Atlantic

Stille Oceaan

i-Pacific

Indische Oceaan

i-Idian Ocean

Zuidelijke Oceaan

i-Antarctic Ocean

Noordelijke IJszee

i-Arctic Ocean

Noordpool

Ligumbi laseNyakatfo

Zuidpool

Ligumbi laseNingizimu

Antarctica

iAntarctica

aarde

Umhlaba

land

indzawo

zee

lwandle

eiland

sichingi

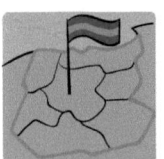

natie

sive

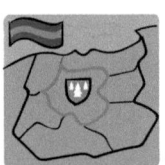

staat

umbuso

wijzerplaat

buso beliwashi

uurwijzer

li-awa

minutenwijzer

imizuzu

secondewijzer

imizuzwana

Hoe laat is het?

sikhatsi sini nyalo?

dag

lusuku

tijd

sikhatsi

nu

nyalo

digitaal horloge

liwashi lesimanjemanje

minuut

umzuzu

uur

li-awa

week

liviki

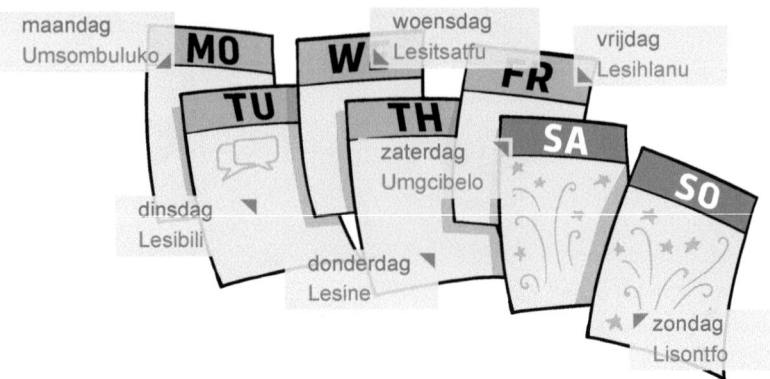

maandag — Umsombuluko
dinsdag — Lesibili
woensdag — Lesitsatfu
donderdag — Lesine
vrijdag — Lesihlanu
zaterdag — Umgcibelo
zondag — Lisontfo

gisteren
itolo

vandaag
lamuhla

morgen
kusasa

ochtend
ekuseni

middag
emini

avond
entsambama

MO	TU	WE	TH	FR	SA	SU
1	2	3	4	5	6	7
8	9	10	11	12	13	14
15	16	17	18	19	20	21
22	23	24	25	26	27	28
29	30	31	1	2	3	4

werkdagen
emalanga emsebenti

MO	TU	WE	TH	FR	SA	SU
1	2	3	4	5	6	7
8	9	10	11	12	13	14
15	16	17	18	19	20	21
22	23	24	25	26	27	28
29	30	31	1	2	3	4

weekend
imphelasontfo

jaar
umnyaka

regen
imvula
regenboog
umushi wenkhosatane
wind
umoya
sneeuw
umkhitsiko
voorjaar
Intfwasahlobo
herfst
Intfwasabusika
zomer
lihlobo
winter
busika

4.APRIL 11°
5.APRIL 4°
6.APRIL 13°
7.APRIL 8°
8.APRIL 10°

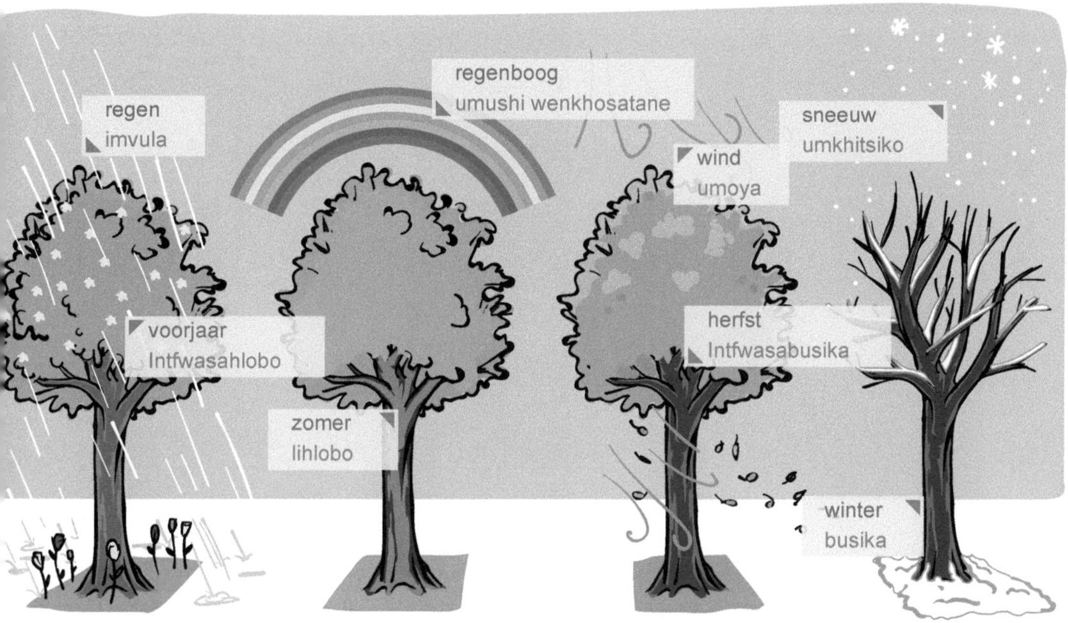

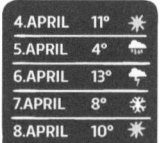

weerbericht

simo selitulo

F C
120 90 60 30 0 -30
40 30 20 10 0 -10 -20

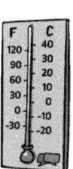

thermometer

kwekuhlola lizinga lekushisa

zonneschijn

kubalela

wolk

emafu

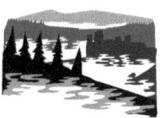

mist

inkhungu

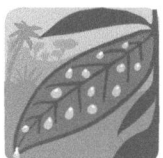

luchtvochtigheid

umswakamo

bliksem

umbane

donder

umbane

storm

kudvuma lobunebungoti

hagel

sangcotfo

moesson

inyeti

overstroming

tikhukhula

ijs

lichwa

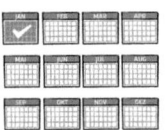

januari

Bhimbidvwane

februari

Indlovana

maart

Indlovulenkhulu

april

Mabasa

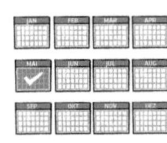

mei

Inkhwenkhweti

juni

Inhlaba

juli

Kholwane

augustus

Ingci

september
....
Inyoni

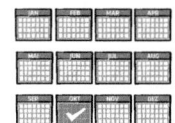

oktober
....
Imphala

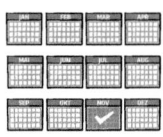

november
....
Lweti

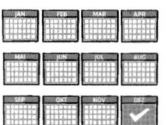

december
....
Ingongoni

vormen
kubumbeka kwetintfo

cirkel
....
indingiliza

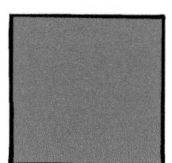

vierkant
....
sikwele

rechthoek
....
umdvwebo lonetinhlangotsi
letindze letilinganako

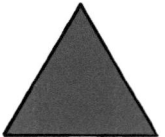

driehoek
....
ncantsatfu

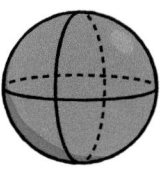

bol
....
i-sphere

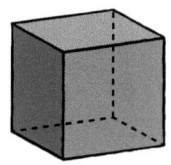

kubus
....
ikhiyubhu

wit

kumhlophe

geel

phuti

oranje

sheli

roze

kupinki

rood

kubovu

paars

kunsomi

blauw

luhlata

groen

luhlata njengetjani

bruin

loku-brown

grijs

mtfubi

zwart

mnyama

veel / weinig

kunyenti / kuncane

boos / rustig

kutfukutsela / kwehlisa
umoya

mooi / lelijk

buhle / bubi

begin / einde

sicalo / siphetfo

groot / klein

bukhulu / buncane

licht / donker

kukhanya / bumnyama

broer / zus

bhuti / sisi

schoon / vies

kuhloba / kungcola

volledig / onvolledig

kuphelela / kungapheleli

dag/ nacht

imi / busuku

dood / levend

kufa / kuphila

breed / smal

kubanti / kuncane

eetbaar / oneetbaar

lokudliwako / lokungadliwa

gemeen / aardig

inhlitiyo lembi / umusa

opgewonden / verveeld

kutsakasa / kudvumala

dik / dun

sidudla / umcondvo

eerste / laatste

kwekucala / kwekugcina

vriend / vijand

umngani / sitsa

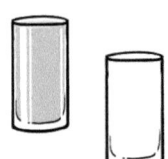

vol / leeg

kugcwala / kute lutfo

hard / zacht

kucina / kutsamba

zwaar / licht

kusindza / kulula

honger / dorst

kulamba / koma

ziek / gezond

gula / umcemane

illegaal / legaal

kungabi semtsetfweni /
kuba semtsetfweni

intelligent / dom

kuhlakanipha / bulima

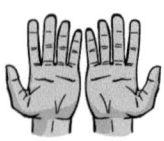

links / rechts

sencele / sekudla

dichtbij / ver

dvutane / khashane

nieuw / gebruikt

lokusha / lokudzala

niets / iets

kute lutfo / kunalokutsite

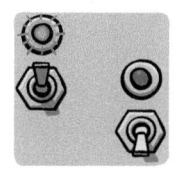

oud / jong

budzala / busha

aan / uit

kuyasebenta / akusebenti

open / gesloten

kuvulekile / kuvalekile

zacht / luid

kuthula / umsindvo

rijk / arm

kunjinga / kuphuya

goed / fout

kulungile / akukalungi

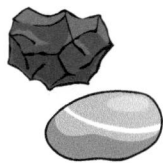

ruw / glad

kuyahhedla / kuyashelela

verdrietig / gelukkig

kuva buhlungu / kujabula

kort / lang

kufishane / kudze

langzaam / snel

kunwabuka / kushesha

nat / droog

kumanti / komile

warm / koel

kufutfumele / kusivuvu

oorlog / vrede

imphi / kuthula

0

nul

indilinga

1

één

kunye

2

twee

kubili

3

drie

kutsatfu

4

vier

kune

5

vijf

sihlanu

6

zes

sitfupha

7

zeven

sikhombisa

8

acht

siphohlongo

9

negen

yimfica

10

tien

lishumi

11

elf

lishumi nakunye

12

twaalf

lishumi nakubili

13

dertien

lishumi nakutsatfu

14

veertien

lishumi nakune

15

vijftien

lishumi nesihlanu

16

zestien

lishumi nesitfupha

17

zeventien

lishumi nesikhombisa

18

achttien

lishumi nesiphohlongo

19

negentien

lishumi nemfica

20

twintig

emashumi lamabili

100

honderd

likhulu

1.000

duizend

inkhulungwane

1.000.000

miljoen

sigidzi

Engels

Singisi

Amerikaans Engels

Singisi saseMelika

Chinees Mandarijn

SiMandarini seseShayina

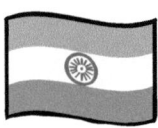

Hindi

SiHindi

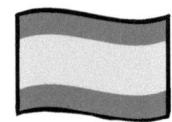

Spaans

Sipanishi

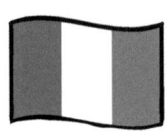

Frans

SiFulentji

Arabisch

Si-Arabu

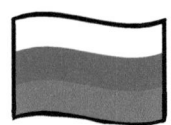

Russisch

SiRashiya

Portugees

SiPhuthukezi

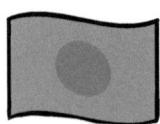

Bengalees

SiBhengali

Duits

SiJalimane

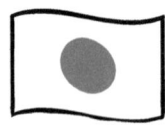

Japans

SiJapane

ik

Mine

jij

wena

hij / zij / het

yena / yona

wij

tsine

jullie

nine

zij

bona

wie?

bani?

wat?

ini?

hoe?

njani?

waar?

kuphi?

wanneer?

nini?

naam

libito

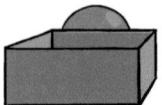

achter

ngemuva

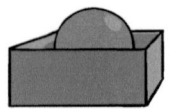

in

ekhatsi

voor

embi kwe

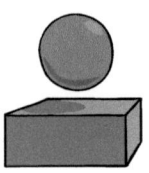

boven

ngenhla

op

etulu

onder

ngephansi

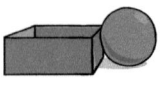

naast

eceleni

tussen

emkhatsini

plaats

indzawo